MEMOIRE
en Images

CAYEUX

A mes parents et à la mémoire de ma grand-mère Argentine

MEMOIRE
en Images

CAYEUX

Christian Massart

ALAN
SUTTON

Editions Alan Sutton
21, avenue de la République
37300 Joué-lès-Tours

Première édition mai 1996

ISBN 2-910444-76-7

Dépôt légal : mai 1996.
Imprimé en Grande-Bretagne par
Redwood Books Limited, Trowbridge.

Table des matières

Bibliographie

Scène de la vie maritime ou le monde meilleur, Vincent Besnier, Edition voiles Gallimard, 1985.
Portes ouvertes sur les Bas-Champs : les Bas-Champs du Vimeu, ouvrage collectif, FDSEA, 1991.
Côte Picarde - Habitat et Tourisme : l'exemple de Cayeux-sur-Mer, Carole Bouchend'Homme, mémoire de DEA, 1987.
La Manche de Dunkerque au Havre (Flandre, Boulonnais, Picardie, Haute-Normandie), Marcel Bourmerias, Charles Pomerol et Yves Turquier, guide Naturaliste, Editions Delachaux et Niestle, 1983.
Cayeux d'hier (vie quotidienne à Cayeux-sur-mer 1850 à 1940), imprimerie F. Paillard, 1990.
Souvenirs et réflexions sur le Cayeux de 1900, Amédée Dergnier, articles publiés dans *L'Eclaireur du Vimeu* entre 1957 et 1970.
Grandeur et décadence d'une station balnéaire, Maurice Dupont, article paru dans *Cayeux Mieux Vivre*, n°1.
Cayeux et les Bas-Champs, Jean Estienne, article paru dans *En Picardie*, n° 1.
Le grand barrement, Jean Estienne, Société d'archéologie et d'histoire du Ponthieu et du Vimeu.
La Chapelle des Marins de Cayeux-sur-Mer, Léon Gaudefroy, imprimerie Leclerc, 1954.
Arts et traditions Populaires - Nos rues et nos lieux-dits : Cayeux sur Mer, Henri Heinemann, imprimerie Testu, 1989.
Histoire de Cayeux, Anatole Mopin, imprimerie Maison Mabille,1904.
La photographie dans la carte postale, Gérard Neudin, Editions Neudin, cotation 1990.
Chronique d'antan : Cayeux toujours, ouvrage collectif, Pompons rouges, 1984
Le passé maritime de Cayeux-Le-Hourdel, Pompons rouges, 1984.
En souquant sur le bois mort - le sauvetage en Baie de Somme (1842-1957), Pompons Rouges, imprimerie Carré, 1990.
Quelques coutumes religieuses de nos marins cayolais (Cérémonies et lieux de culte), Pompons Rouges, imprimerie Carré, 1991.
Une heure en mer Le Tréport - Le Crotoy, Robert Salmon, Edition les Vedettes Picardes.
Le Chemin de fer de la Baie de Somme, M.Testu, J.M. et P. Candillon, Editions du Cabri, 1988.
La Belle Epoque- Les années 1900 par la carte postale, Serge Zeyons, Edition Larousse.

Introduction

Cayeux-sur-Mer a pour origine un petit roc, une île située à l'embouchure de l'estuaire de la Somme, à l'est au large de l'ancien rivage. A cette époque une petite falaise, encore visible, formait la côte. De cette «falaise morte», qui se prolonge du cap Hornu à Onival, il subsiste une légère déclivité, à la hauteur du croisement des routes départementales 3 et 940.

Les champs les plus élevés correspondent à l'ancienne plage. Au pied de la falaise, le sol est formé par des dépôts marins de vase calcaire et de galets. Ce sédiment constitue la base des polders, vastes triangles de quatre mille hectares, appelés Bas-Champs.

Afin d'éviter que ces terres ne soient envahies deux fois par jour par le flux, des «renclôtures» ou digues de galets protègent le polder de la mer. Les marées exceptionnelles comme celle de mars 1906, ou celle, plus récente, de février 1990, ont montré que les digues ne mettent pas les Bas-Champs à l'abri de toute incursion maritime.

En se rendant au Hourdel, on comprend comment se forment naturellement les mollières. L'enracinement de certaines plantes piège la vase et consolide de petites zones qui, peu à peu, se rejoignent pour former une étendue de terre (succession de slikke, vasière, et de schorre, mollière). Les terres conquises, gorgées de sel, sont impropres à la culture. Il faut donc creuser des canaux de drainage pour assainir le sol et faire partir le sel par dissolution dans l'eau d'infiltration.

A l'emplacement du cimetière communal actuel près de l'ancienne église, on a retrouvé des vases gallo-romains et francs, vestiges d'un habitat ancien. Situé à proximité du Hable d'Ault, actuellement zone de marais et réserve ornithologique, cet endroit était, à l'époque, ouvert sur la mer et plus étendu qu'aujourd'hui.

Les études étymologiques sur Cayeux ne sont pas toutes concordantes. Gröhler propose *Cagius*, nom d'homme gaulois. J. Bultelle mentionne la chanson de geste intitulée «*Gormont et Isembart*», datant du premier tiers du XIIe siècle, où il est question d'un endroit nommé Qaiou ou Caiou. Une interprétation fiable est cependant impossible car l'auteur de cette ballade pouvait faire référence à la fois aux galets qui jonchent le littoral et à l'agglomération. Monsieur Lebegue avance, quant à lui, le terme celtique *Caio* (haie ou enclos). Quoiqu'il en soit, la commune, appelée *Caldis* au VIIe siècle, porte son nom actuel depuis une délibération du conseil municipal de février 1869. Au VIIe siècle, l'agglomération avait déjà une certaine importance. Elle était bâtie autour du roc et disposait d'un juge et d'un prêtre.

Cayeux n'a pas échappé aux invasions vikings, entre les VIIe et IXe siècles. Ils abordaient et attendaient le moment propice pour s'infiltrer à l'intérieur du pays par la Somme. En 881, la victoire de Louis III sur les Normands, à Saucourt, ne les empêcha pas de détruire Cayeux, Saint-Valéry et le Crotoy. En 883, les Vikings s'établirent de nouveau sur le littoral de la Somme jusqu'en 912, date à laquelle ils obtinrent la Normandie. En 1050, la commune fut dotée d'un prieuré, totalement détruit pendant la guerre de Cent Ans (1337-1453), appartenant à l'abbaye de Saint-Germer-de-Fly du diocèse de Beauvais.

Lorsque Guillaume le Conquérant prit la mer, le 29 septembre 1066, les Caouais (nom donné aux Cayolais jusqu'à une époque récente) étaient présents sur le rivage. Ils assistèrent, émerveillés, au passage de la flotte composée de 400 navires et de plus d'un millier de bateaux de transport. C'est également à partir du XIe siècle que le fief des seigneurs de Cayeux (dit Caïeu) fut placé sous la juridiction du seigneur de Saint-Valéry, futur marquis de Gamaches et gouverneur des pays et roc de Cayeux. Le domaine du sire de Caïeu comprenait une bonne partie du Vimeu et trois forteresses : Caïeu, Bouillancourt et Sénarpont. Leur cri d'arme était «La Folie crie Caïeu». Ils possédaient une partie du littoral où ils exerçaient le droit de lagan, conférant la propriété sur les corps et les biens des vaisseaux naufragés. En 1191, plusieurs seigneurs, dont Guillaume de Caïeu, renoncèrent, devant l'archevêque de Reims, à ce droit.

Cette tour du XIIe siècle, dernier vestige du château fort des seigneurs de Cayeux, n'est autre que le reste du moulin de la Motte. Il appartenait à Alexandre Chevalier, meunier à Cayeux. Il fut construit à l'emplacement d'un ancien château démoli en 1475, sur l'ordre de Louis XI, et dont les pierres ont probablement servi de matériaux de construction, notamment pour la tour.

Ansel de Caïeu, le plus illustre d'entre eux, participa à la quatrième croisade et devint régent du nouvel empire latin (l'empire de Romanie), établi sur les conquêtes de l'empire byzantin. Son mariage, en 1221, avec Eudoxie, fille de l'empereur Lascaris, lui conféra le titre de prince grec. Il devint par la suite gouverneur de Chiorli. Il mourut en 1240. La seigneurie restera à la famille des sires de Cayeux jusqu'au XIVe siècle, époque à laquelle une partie des terres passa à Jean de Monchi. Les documents nous apprennent que François 1er, en visite à Abbeville, descendit le cours de la Somme, le 24 juin 1517, et inspecta le Hourdel.
Un rapport, commandé par Richelieu en 1636 et rédigé par le commissaire de la marine, le sieur d'Infreville, conseillait l'établissement d'un port de guerre à l'emplacement du Hable d'Ault. Le projet n'aboutira jamais.

En 1640, après avoir acheté la seigneurie de Cayeux à la princesse de Mantoue, le marquis de Gamaches, Nicolas Joachim du Rouhaut, en devint gouverneur. Charles Joachim de Rouhaut, fut le dernier de la lignée à prétendre aux titres de comte et gouverneur de Cayeux. Il vendit la seigneurie de Cayeux au comte d'Artois, frère de Louis XVI et futur Charles X, le 23 juin 1780. Elle fut donc détachée du comté d'Amiens et rattachée à celui de Ponthieu. Le dernier descendant des sires de Cayeux, le prêtre Jean de Cayeux, chapelain à Saucourt, légua, en 1730, sa seigneurie à la chapelle de cette localité. Cayeux a souvent été ravagé par les flammes et tout particulièrement en 1475, 1653, 1727 et 1811. Au XVIIe siècle, on relève la présence, sur le sol de la commune, d'une manufacture royale de glaces. Elle sera entièrement détruite par l'incendie du 26 septembre 1727 qui ravagera également une centaine de maisons à l'extrémité de la rue d'Enfer.

La vogue des bains de mer, sur le littoral picard et normand, a commencé en 1840. Cayeux devint une station balnéaire agréable, fréquentée par des baigneurs prestigieux

Au début du siècle, ce moulin était en très mauvais état (les fentes verticales sont le résultat de l'effondrement de la clé de voûte de l'encadrement d'une porte). Les troupes d'occupation allemandes le détruisirent en 1942, pour construire à la place un abri souterrain équipé d'une pièce d'artillerie.

comme le poète Millevoye, l'historien Charles Louandre et, au cours de l'année 1825, le duc d'Orléans (futur Louis-Philippe) accompagné de son épouse, la princesse Marie-Amélie, et de quelques amis. En 1837, Victor Hugo fut également de passage à Cayeux. Composé, à l'origine, de quelques masures regroupées autour de l'ancienne église (actuel quartier Bout d'Aval), le village vit son épicentre se déplacer vers la côte sous l'affluence des nouveaux baigneurs. Dans le bourg initial, trois hôtels offraient une possibilité d'hébergement : Le Panier fleuri, situé dans la Grande rue, Le duc d'Aumale, installé entre la rue d'Enfer et la rue des Mathurins, et l'Aigle Impérial, place de l'ancienne église. Cependant, quelques habitués commencèrent à faire construire des villas au bord de la plage, à 1,5 km de l'ancien centre, et l'on appela ce nouveau quartier le Bout d'Amont qui devint la commune actuelle. Cayeux fut la première plage du littoral picard et son succès fut le prélude à une période faste pour la commune.

La déclaration de la Première Guerre mondiale survint en pleine saison. Cayeux servit de base de repos aux troupes françaises et, en 1916, de base arrière pour l'armée britannique. Entre les deux guerres, la station ne retrouva pas sa prestigieuse clientèle ; toutefois, elle continua son développement, grâce notamment à monsieur Anatole Mopin, maire de la commune de 1908 à 1940.

La Seconde Guerre mondiale brisa cet élan novateur. L'agglomération de Cayeux fut complètement occupée le 5 juin 1940. Le principal souci du maréchal Rommel, responsable de l'édification du mur de l'Atlantique, restait la défense du village, en prévision d'un éventuel débarquement par la baie de Somme. Il équipa Cayeux de

Le port du Hable d'Ault constituait un grand centre de pêche au Moyen Age. L'accès se faisait par un chenal, à travers le cordon de galets, orienté sud-ouest dans les dernières années de sa présence. Un calvaire marquait son entrée. A cause du comblement partiel du bassin qui provoquait fréquemment des inondations, on obtura l'ouverture en construisant une écluse dans les années 1750-51. L'ingénieur en chef des Ponts et Chaussées de Sa Majesté le roi Louis XV, monsieur Bompart, en réalisa les plans.

A partir de 1916, Cayeux fait partie de la base arrière des troupes britanniques. Brighton est un centre de repos. Cette photo de groupe de tommies marque cette époque où le Palace-Hôtel s'anglicise au point de porter le nom de *Officier'Mess*.

blockhaus, de défenses antichars et de divers autres obstacles. Un radar fut monté devant le phare et des pièces d'artillerie disséminées en divers autres points de la zone. Certains de ces vestiges sont encore visibles dans les dunes ou dans la ville. Par ailleurs, tous les bâtiments (hôtels, villas, etc...) qui pouvaient gêner la vue sur le front de mer ont été détruits. A la fin de la guerre, les troupes, dans un but stratégique, continuèrent les destructions. Ils rasèrent entièrement le village du Hourdel en mai 1944. Avant leur départ, ils tenteront même d'inonder les Bas-Champs et feront sauter les deux phares et le sémaphore. Ils quittèrent la zone en septembre 1944.

Un effort de reconstruction anime cette période de fin de guerre telle la réédification du Hourdel. Par contre, certaines villas, laissées dans un état irrécupérable, furent démolies. Cayeux sera la première station balnéaire de la côte à rouvrir. La ville mettra à la disposition des vacanciers bon nombre de loisirs.

Cet ouvrage a pour objectif de faire revivre le passé de Cayeux par la carte postale, en explorant principalement la période du début de ce siècle, riche en documents photographiques de premier ordre. Saluons tous ces reporters méconnus qui ont fait de la carte un document témoin de leur temps.

Où passer vos vacances ??
Ne cherchez plus !!... Allez à
CAYEUX-SUR-MER
(Somme)
BRIGHTON-LES-PINS
sur la Côte d'Opale
à 3 heures de Paris
CHEMIN DE FER DU NORD
CASINO
800 Cabines
14 kilomètres de sable fin
Chemin de planches de 2 kilomètres
TENNIS
HOTELS CONFORTABLES ::
VILLAS MEUBLÉES :: :: ::
PRIX MODÉRÉS :: :: :: ::
Pour tous renseignements s'adresser au
SYNDICAT D'INITIATIVE DE TOURISME
Timbre pour la réponse
Envoi de guide illustré contre 1.50
PROGRAMME OFFICIEL : 1 FR. 50

I
Promenade dans Cayeux

Des motrices plus modernes ont succédé à la locomotive à vapeur qui vit ici ses dernières heures. Depuis la création de l'Association du chemin de fer de la baie de Somme (CFBS), le 13 novembre 1969, on réutilise ces locomotives pour le petit train touristique.

L'ouverture de la ligne de chemin de fer reliant Cayeux à Saint-Valéry, le 6 septembre 1887, permit un accès plus facile à cette station balnéaire déjà très en vogue. Auparavant, on pouvait venir par le train jusqu'à Noyelles-sur-Mer (desservie depuis 1848) et prendre ensuite la diligence jusqu'à Cayeux.

Après la Seconde Guerre mondiale, le trafic automobile se développa parallèlement aux transports ferroviaires. La traction à vapeur était toujours à l'honneur dans les années 1950, période à laquelle on utilisa des autorails et des locotracteurs à moteur diesel.

La gare de Cayeux fut construite, en 1887, à l'extérieur de la station, à l'extrémité des rues Deloison et Gabriel Bourgeois et des avenues Paul Doumer et Carnot. Celles-ci furent percées après la création de la ligne ferroviaire. Devant la gare, l'omnibus de l'hôtel du Commerce attend des clients.

La gare a changé de rôle : elle accueille maintenant le petit train touristique et, depuis 1988, abrite les studios d'une radio locale. Radio Côte Picarde fut remplacée le 30 juin 1993 par Radio Picardie Littoral, dirigée par Christophe Caron.

Une voiture assurant les liaisons jusqu'au Tréport attend les vacanciers ; elle offre peu de places. Le prolongement de la ligne de chemin de fer vers Onival et Saint-Quentin-Lamotte -pour gagner Mers et Le Tréport- aurait dû permettre un flux de baigneurs plus important sur toute cette côte du littoral picard.

La foule et les pompiers accompagnent le "retour de fanfare" à leur sortie de la gare, le 5 août 1923. Ils s'engagent dans l'avenue Paul Doumer. Madame Herbet se souvient qu'on se déplaçait souvent pour les voir défiler.

Non loin de la gare (au bout de la rue à droite), il existe un chemin ombragé, lieu de promenade, remis en état en 1983. Une des trois corderies de Cayeux se trouvait dans cette allée jadis plantée d'ormes. Les cordes, faites essentiellement de chanvre, servaient au gréement des navires.

Sans être gênée par les estivants qui passent dans l'avenue de la gare, la propriétaire a sorti le bac de lessive posé sur la chaise et a étendu les vêtements sur les branchages. Cette maison au toit de chaume et aux murs de galets se situait à l'emplacement du marché actuel.

Si on ne trouvait pas d'omnibus, on se rendait à pied à son lieu de résidence. A l'extrémité de l'avenue Paul Doumer, J. Fouché et quelques autres voyageurs s'en rendent compte à leurs dépens.

L'avenue de la Gare devint l'avenue Paul Doumer. Fernand Bonneau, photographe au numéro 1 (à gauche sur le cliché), céda la place à une droguerie. Cette boutique est actuellement tenue par L. Martin.

La vitrine de monsieur Ollivier, imprimeur, éditeur de cartes postales et photographe au 4, avenue de la Gare, présente différentes cartes postales souvenirs. L'endroit accueillit un café, remplacé dans les années 1930 par la Galerie Cayolaise.

Des vendeurs de journaux proposent aux Caouais le journal local, peut-être *Le Phare de Picardie*. Cette publication était éditée par monsieur Ollivier ; son vendeur était porte-bannière de monsieur. Ferté.

En direction de la place Courbet, on reconnaît le café des Pilotes, tenu par la famille Serry. Une borne fontaine existait au coin. L'estaminet fut remplacé plus tard par la graineterie Duquesnay, elle-même démolie pour laisser place à l'établissement actuel baptisé Au Petit Café.

Au Petit Café fut construit en 1923 par la famille Herbet qui possédait auparavant l'hôtel Parisien, avenue de la Gare. Monsieur Herbet voulut construire sur le front de mer, mais la loi de l'époque ne l'autorisait pas à créer un autre hôtel aussi éloigné de l'ancien. L'ouverture de ce café devait lui permettre de mener à bien son projet, ce qui ne fut pas le cas. La famille Herbet est toujours propriétaire des lieux.

A L'entrée de la place Clémenceau, on trouvait le magasin Félix Potin tenu par monsieur. Monnier. Monsieur. Bourguignon lui a succédé. Guy Dérosière y fait maintenant prospérer sa poissonnerie.

En face du Félix Potin, à l'emplacement actuel de l'Agence du Littoral, se trouvait le Grand Bazar Parisien tenu par Poidevin La Musique.

A côté du bar de l'hôtel du Commerce se tenait le grand café du Globe. Trop vétuste, il fut démoli pour des raisons d'alignement et remplacé par le café Au Kiosque.

En 1900, on venait au café du Globe écouter Casimir, célèbre garçon de café, qui entonnait : «Bonsoir Mam'zelle, je suis Casimir / Garçon fidèle pour vous servir / Si c'est une mèche de mes cheveux / l'à pas mèche, j'ai plus qu'deux.».

Avant les élections municipales, le 9 avril 1912, un esprit moqueur et subversif proposa ce menu : potage de démolition de la vieille église - filet de boeuf sauce casino - saumon restauration de la mairie - poularde sauce kiosque - gigot de l'abattoir - salade du marché agrandi - vin des plantations de l'avenue. Les conversations aux terrasses des cafés devaient être animées cette année-là.

L'abri du canot de sauvetage était construit au milieu de la place Aristide Briand. On venait s'y protéger du vent en s'asseyant sur les bancs fixés aux murs de briques.

Le *Réveil de Picardie* du 12 octobre 1901 fit paraître cette annonce : «A céder, occasion exceptionnelle, kiosque ayant très peu servi. Pourrait être utilisé pour concerts de saison dans station balnéaire».

La rue A. Sauvage (maire de Cayeux de 1876 à 1884) est l'ancienne rue du Bout-d'Amont. En passant devant l'hôtel du Commerce et de la Plage, elle permet d'accéder à la place Victor Hugo. Monsieur C. Maringue, dont on distingue la maison sur la droite, assurait un service journalier entre Cayeux et Le Tréport.

A gauche, en dehors du champ de la photo, se trouvent les bâtiments de l'école Saint-Joseph. Ils furent donnés aux soeurs par monsieur Black après que celles-ci eurent été expulsées de l'école publique lors de la séparation de l'Eglise et de l'Etat. L'institution était alors tenue par la soeur Françoise Sannier, directrice-fondatrice.

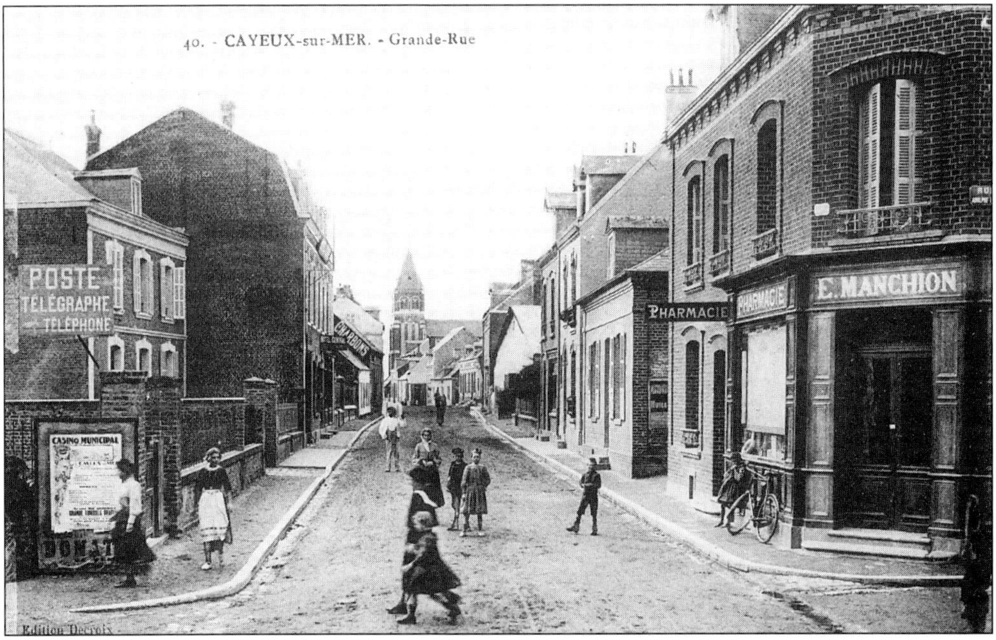

La pharmacie tenue par E. Manchion, propriété de la famille Delporte depuis 1959, se trouvait en face de l'ancienne Poste. A l'origine, cette officine, ouverte en 1882 par monsieur Hénot, se situait vers le 181 de la rue du Maréchal Foch ; elle fut transférée par la suite à l'emplacement actuel et compta de nombreux repreneurs (monsieur Morisot, monsieur Defrance, etc.).

Au début du siècle, la Poste occupait un bâtiment à l'angle de l'avenue Carnot et de la rue du Maréchal Foch, face à la pharmacie. Le bureau de poste était tenu par une receveuse rétribuée par l'Etat. Elle recevait également une indemnité de la mairie pour ouvrir entre 12 heures et 14 heures. En novembre 1895, le conseil municipal, soucieux de l'utilisation des deniers publics, compara le mode de fonctionnement de son bureau à celui de Saint-Valéry. Ce dernier offrait des services pendant l'heure de midi et le travail des deux postiers était totalement payé par l'administration. Le conseil décida donc de ne plus verser cette indemnité, malgré la mise en garde du sous-préfet, la décision de la mairie allant à l'encontre des intérêts des habitants. La municipalité persista, mais fut obligée de rétablir la subvention le premier juillet 1896. Plus tard, l'immeuble changea de vocation et abrita une épicerie-salon de coiffure, propriété d'Albert Lecat, avant d'être reconvertie en villa (*Les Embruns*, 164, rue du Maréchal Foch).

Le facteur apporte son courrier à un habitant du Hourdel. En 1903, on tenta d'améliorer la levée et la distribution du courrier. Il fut proposé de le transporter la nuit par voitures automobiles, ce qui aurait permis de gagner une heure sur son arrivée et 55 minutes sur son départ de Cayeux. Une subvention, demandée au conseil municipal, fut refusée. Les élus craignaient que ce nouveau moyen de transport soit bloqué durant l'hiver, ou accidenté lors de ces trajets nocturnes. Il fut décidé de continuer le transport par «voitures ordinaires».

La famille Woelffel, également éditeur de cartes postales, était propriétaire d'un café au coin de l'avenue Carnot et de la rue du Maréchal Foch, en face de l'ancienne Poste. Elle en fit don à la municipalité qui y installa le nouveau bureau de poste.

La nouvelle Poste, victime d'un incendie criminel pendant la saison estivale 1994, a été transférée à la mairie.

La rue Adolphe Roux. Ancien instituteur, puis directeur d'établissement, monsieur Roux fut maire de Cayeux de 1884 à 1887 et de 1895 à 1896. Il travailla beaucoup pour le développement de l'école publique de la ville.

L'angle des rues du Maréchal Foch et Florent Triquet. Au début du siècle, Narcisse Mopin, dit Pierre Fin, habitait dans la rue Saint-Joseph toute proche. Ce personnage fantasque avait commandé son cercueil à l'avance et s'en servait comme armoire.

En août 1853, le conseil municipal décida la construction d'un bâtiment devant abriter l'hôtel de ville, ainsi que l'école de filles et de garçons. La mairie de l'époque était située plus au nord, sur une butte de sable, à l'emplacement de la maréchalerie Chanterelle. Lors de la construction, en 1858, les écoles furent érigées de part et d'autre de l'édifice, avant d'être transformées en logements de fonction pour l'instituteur et l'institutrice. Le 31 mai 1908, le conseil municipal prit la décision d'orner la salle d'honneur de la mairie des lambris de l'ancienne église. Le travail fut réalisé par Jean-Marie Ternisien.

Non loin de l'actuelle Caisse d'épargne, au 110, rue du Maréchal Foch, (ancienne numérotation) se tenait la maréchalerie de L. Chanterelle, médecin-vétérinaire. Elle fut reprise par Mélan-Fontaine qui en fit un café par la suite : le café Mélan.

La première succursale de la Caisse d'épargne fut inaugurée, le 13 décembre 1903, dans la salle de l'hôtel de ville. La cérémonie eut lieu sous la présidence de monsieur Reche, secrétaire du conseil des directeurs, assisté de monsieur Boujonnier, membre du conseil et de monsieur Avisse, agent général de la caisse. La succursale ouvrit ses portes aux 4 700 habitants de Cayeux, Lanchères et Brutelles, le dimanche 3 janvier 1904. Le président était monsieur Belin.

A la suite de l'assassinat du président Carnot par un anarchiste, le 24 juin 1894, le conseil municipal d'août décida de donner son nom à une rue principale de Cayeux, laquelle n'était pas encore baptisée. Il refusa par contre l'érection d'un monument en son honneur, car jugé trop coûteux.

Les maisons qui bordent la rue sont de style urbain, avec briques apparentes. Un petit charme anglais s'en dégage.

L'engouement pour les bains de mer fit s'accroître le nombre de nouvelles demeures, côtoyant parfois les anciennes. Les constructions en briques (ci-dessus une maison de 1909), plus solides, remplacèrent celles en torchis. Les producteurs de briques du Vimeu avaient l'habitude de dire, en plaisantant, que les gens de Cayeux commandaient des briques pour les jeter à la mer. A l'époque, l'industrie du bâtiment consommait près d'un million de briques et un demi-million de galets par an.

Les enfants de ce groupe portent triomphalement le journal *Le Petit Cayolais*. Ils sont devant la villa *Les Roses*, avenue Carnot, siège de ce journal très local.

Le duc d'Orléans, propriétaire du château d'Eu, vint en excursion à Cayeux, vers 1825, avec la princesse Marie-Amélie, sa femme, et quelques amis. Ce jour-là, il y avait une telle accumulation de sable à l'angle de la Grande rue et de la rue Dumont d'Urville (photo ci-dessus) que l'on dut pousser le carrosse pour le dégager.

Le comte d'Anglès fit don d'un terrain pour réaliser cette voie qui porte son nom. Sur la droite, on observe un berger et son chien ; son troupeau est parqué derrière l'église Saint-Pierre toute proche.

Le comte d'Anglès, député au XIXe siècle, fit construire une maison, "La Bastide", à l'emplacement d'une batterie d'artillerie qui protégeait les côtes. Cette défense occupait une éminence depuis une décision du consul Bonaparte de 1803. En 1936, la colonie de vacances de Beauvais s'y établit et devint plus tard un centre d'aide pour le travail.

Le chemin de l'Enclos Mouchette (actuelle rue Florent-Triquet). Ce terme, synonyme de renclôture, rappelle la digue de galets construite par Mouchette pour récupérer des terres sur les mollières et pour se protéger de l'incursion de la mer.

La villa Les Cigales est située boulevard du Général Sizaire. Cette maison fut construite pour accueillir toute une famille bourgeoise. Elle est rehaussée sur un sous-sol où on plaçait généralement les cuisines et les services.

La villa *Blanchette*, construite à l'angle des rues du Général Leclerc et Anatole Mopin, est fortement inspirée du style victorien. Cette influence anglaise se retrouve dans des constructions de l'avenue Carnot ou à Brighton.

La villa L'*Ermitage* est située rue du Phare (actuellement au 68, rue du Général Leclerc). La mode balnéaire a entraîné la construction florissante d'environ quinze maisons par an.

Le couple Debacq était propriétaire de la villa Bienvenue, rue du Phare (aujourd'hui au 92, rue du Général Leclerc). L'été 1923 leur apporta de nombreux clients. La situation de cette maison -proche de la plage, pas très loin du centre, du phare et du bois de pins de Brighton- explique sa bonne fréquentation. Pour le seul mois d'août 1923, elle hébergea environ 30 pensionnaires (français ou anglais). En septembre de la même année, les Debacq durent agrandir leur salle à manger de 80 m2 pour faire face à la demande.

La rue Anatole Mopin s'est appelée rue à Baudets, puis rue du Commerce. Il fut une époque où de nombreux habitants de la rue possédaient beaucoup d'ânes (d'où le nom) qui leur servaient à transporter le poisson pêché, jusqu'aux lieux de vente.

Au début du siècle, les ânes disparurent, remplacés par des voitures à chevaux. Ces dernières, appelées ballons, comportaient un fond fait de cordes entrelacées sur lesquelles on déposait des bottes de paille. Cette amélioration permit aux mareyeurs d'aller vendre le poisson aux habitants des terres et de rapporter, entre autres, des cerises.

La rue de l'Epinette rappelle les fleurs mauves à épines qui devaient abonder dans cette rue. Au début du siècle, le quartier de l'Epinette était seulement occupé par quelques familles. Il y avait le berger Tin Moache, Tasi Grosse Tête, le père Morin, Carabo, Marie Blanc... On pouvait également admirer le potager de François Norai.

La famille Deleplancque, fidèle à Cayeux, prenait une location estivale rue Parmentier. On reconnaît, de gauche à droite : Yvonne, Claudia, Argentine, Jeanine, Eugène, Joseph. L'enfant au premier plan n'est autre que l'auteur.

Au début du siècle, le chantier naval de Nicolas Lecoq se trouvait au coin de la rue du Tennis et de la rue du Général Leclerc. Il se fournissait en voiles chez Clovis et Langlet, et en poulies chez Quennehen.

La rue Fleury est l'ancienne rue du Roi Soleil. On y trouvait les chantiers de Julien Bocquet et, à son extrémité, sur le front de mer, la villa *Le Roi Soleil*.

II
Promenade dans les hameaux :
Brighton, La Mollière, Le Hourdel, Hurt

L'engouement pour Cayeux incita les Anglais à créer une nouvelle station balnéaire proche de la ville. En 1882, la New-Brighton Limited acheta, pour 6 millions de l'époque, un large domaine de 130 ha s'étalant de Cayeux au Hourdel. Il était composé de deux propriétés séparées par un bois de pins. Une partie fut construite, l'autre aménagée en parc.

Le photographe s'est placé en haut du phare pour prendre ce cliché. A droite, on voit le mât du sémaphore. A l'horizon, la commune de Cayeux s'étale en bord de mer. Le bâtiment massif du premier plan, l'hôtel Bellevue, est reconnaissable à sa façade en briques. L'expéditeur de cette carte a indiqué la direction du Hourdel ; c'est également celle du phare et du Palace-Hôtel.

L'architecte s'est inspiré des constructions du Chicago de l'âge industriel. La façade est en briques, les ornements du mur sont faits de saillies, ou bossages, également en briques de couleurs différentes formant des dessins géométriques. La pension pour une semaine coûtait 30 francs par personne ; on pouvait prendre des leçons de français, de piano et de chant.

L'hôtel Bellevue fut transformé en colonie de vacances, dirigée par soeur Rose. Le bâtiment n'a pas changé, mis à part le perron qui a disparu et a laissé place à un escalier de briques.

Nous pénétrons dans la galerie de l'ancien hôtel au mobilier très modeste et découvrons les activités paisibles des pensionnaires des soeurs : certains jouent du piano tandis que d'autres lisent dans la clarté du soleil. Une soeur se tient près de la fenêtre du fond.

Des deux bâtiments, le phare fut le premier à être édifié. Sa mise en service date du 1er décembre 1835. En 1912, on remplaça la vieille lanterne polygonale, placée à 28 mètres de haut, par une lanterne cylindrique à glaces rouges. En 1920, elle fut dotée d'un brûleur à vapeur de pétrole. Le phare fut détruit le 31 août 1944, lors du retrait des troupes allemandes. En ce qui concerne la création d'un poste sémaphore à côté du phare, elle est mentionnée dans un décret de l'Empire datant du 17 mars 1862. Le texte prévoyait également la construction de 133 autres nouveaux postes sur tout le littoral français et la réorganisation de ceux déjà existants. Celui de Brighton fut placé sous l'autorité d'un inspecteur des électro-sémaphores, un capitaine de frégate en poste à Dieppe. En 1886, on décida de le reconstruire... au même emplacement, pour 27 000 francs (photo ci-dessus). Annexe de la Poste, ouvert au public, il était équipé d'un appareil de morse et d'un mât à signaux. Des guetteurs prenaient place au premier étage pour surveiller la baignade. Il faut rappeler qu'au début du siècle le rivage était plus proche ; ce n'est que vers 1915-17 que les dunes ont commencé à se former, gênant la visibilité des observateurs.

La vente parcellaire du domaine, dont la recette fut déposée aux deux tiers chez un notaire de Saint-Valéry, fournit à la New-Brighton Limited les fonds nécessaires à l'aménagement du domaine. Des voies d'accès furent créées, à l'image de l'avenue de Picardie où est située cette villa (*La Ruche*).

Il était prévu, à la création du site, de construire une grande esplanade entre Cayeux et le Hourdel en utilisant de la craie, roche abondante de la région. Elle aurait élargi la plage, proche à cette époque. Les nouveaux arrivants espéraient que ces aménagements se réaliseraient rapidement... L'hôtel Jaime Rozale témoigne de cette période faste où tout semblait possible. Cette construction a disparu de nos jours.

Le conseil municipal du 4 octobre 1886 refusa son soutien financier à la création d'une nouvelle zone balnéaire. Brighton fut alors créée en partenariat avec l'état, avec pour vocation de rivaliser avec le Brighton d'outre-Manche. Parallèlement, la mise en service de la nouvelle ligne ferroviaire, en 1886, acheva de rassurer les investisseurs. La même année, on construisit le grand hôtel des Sapins, d'après les plans de l'architecte monsieur Denayer. L'établissement fut vendu le 16 avril 1889 par maître Mallet et devint le Palace hôtel.

Les salons de ce luxueux palace furent réaménagés pour créer un casino, inauguré le 2 août 1894. Pour y attirer une clientèle aisée, une kermesse fut organisée le 15 août. De nombreuses distractions étaient proposées : loterie, tourniquets, chant, danses tunisiennes et arabes, chevaux de bois ainsi qu'une chinoiserie, sans oublier les gâteaux. Enfin, le soir, on donna un bal travesti, clôturé par un feu d'artifice.

Après la Première Guerre mondiale, la station balnéaire perdit beaucoup de son charme luxueux. Qui plus est, en 1917, une tempête de sable acheva de décourager les investisseurs. Le palace se transforma en une modeste colonie scolaire de l'oeuvre départementale, fondée en 1923.

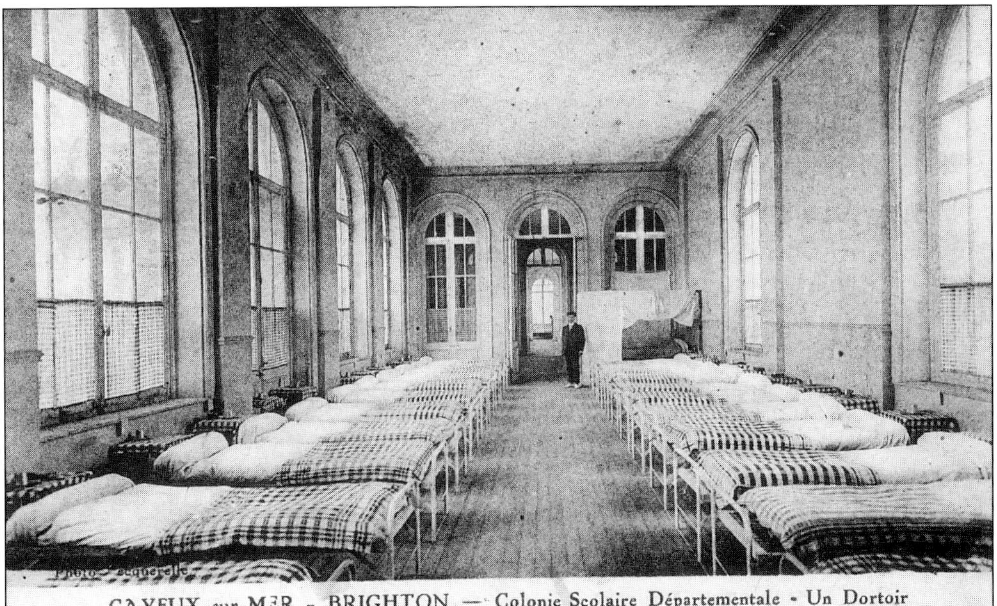

Dès son ouverture, la colonie accueillit 40 enfants qui animèrent de leurs jeux cette grande demeure. On reconnaît, de chaque côté de la pièce, la forme des fenêtres du Palace hôtel. La promiscuité qui règne dans cette chambre n'est pas sans rappeler l'ambiance des internats.

Entre les deux guerres, le docteur Colleu, déjà propriétaire d'un institut orthopédique à Berck, en créa un second dans l'ancien hôtel Jaime Rozale. Il ouvrit également une clinique dans la riche villa que nous découvrons sur cette photo.

En 1890, l'Académie de médecine de Paris conseillait les bains de mer pour certaines affections comme le rachitisme, le lymphatisme ou les lésions tuberculeuses. Dans cet esprit, Brighton fut transformée en station hélio-marine.

Albert Groult finança, en 1890, la construction de la Fondation de la colonie scolaire de Vitry. Le nom et l'initiale du généreux donateur apparaissent, respectivement, sur le fronton du bâtiment central et au sommet de chaque angle.

Les soeurs s'occupent des enfants qui jouent au cerceau.

Le bois de pins, propriété de l'état, a été planté en 1855 sur 70 hectares. Il constitue un but de promenade pour les nombreuses familles qui habitent ses environs. En 1902, le conseil municipal, inquiet de l'état dans lequel se trouvait la zone boisée, souhaita qu'on fasse le nécessaire pour le reboiser rapidement.

A la création de la station, en 1882, on laissait espérer que, à l'abri dans le bois, on jouissait d'un climat comparable à celui de Biarritz. En regardant cette photo, on serait tenté de le croire.

Tout au début du siècle, la Mollière était un hameau agricole prospère de 280 habitants. En 1789, ce fief appartenait à la famille Delattre d'Abbeville. On installa, par la suite, un camping municipal sur un terrain sablonneux planté de pins et situé près de la mer. Les premiers équipements électriques rudimentaires, notamment une pompe à eau alimentant 7 robinets, furent réalisés en 1960.

L'origine étymologique du hameau du Hourdel est controversée. Anatole Mopin, relayé par Francis Dallery, la compare avec l'appellation de patois local : *chu hourdiau*, déformation de *heurte iau* (cap où l'eau venait se heurter). Une autre explication, donnée par Henri Heinemann, fait la relation avec hourde, mot désignant jadis une cabane de berger. Ces deux thèses traduisent assez bien la bivalence de ces Bas-Champs, à la fois maritimes et agricoles.

La chapelle est le premier bâtiment que l'on rencontre à l'entrée de ce hameau qui comprend seulement deux rues parallèles : la rue Par-Derrière et la rue Par-Devant. On distingue, sur la gauche, le début de la rue Par-Derrière, habitée par des familles de marins.

Les maisons de l'agglomération hourdelloise sont petites, basses et ne possèdent généralement pas de cour. Au début du siècle, Quio Louis Marie Poule et sa femme Bertine Minon, Micheline et sa fille Fernande, le père Baillet, les Badingue, François Clerc, Léonard, Léon Taupette, Henri Lelong, le grand-père Beauval et le père Taylor habitaient la rue Par-Derrière, ci-dessus.

Le bâtiment de la chapelle du Hourdel est un ancien hangar où l'on remisait les filets de pêche. Madame Coiret-Chevalier, propriétaire de cette construction, en fit don, au début du siècle, à la paroisse de Cayeux. L'abbé Parvilliers la transforma en lieu de culte.

Le modeste intérieur n'existe plus. Détruite en mai 1944, la chapelle a été reconstruite sur des plans de madame Tournon et inaugurée le 28 août 1960 par monseigneur Stourn, évêque d'Amiens. Elle est dédiée à Sainte Marie.

La rue Par-Devant, ci-dessus, était la plus carrossable. Séparée du port par une rangée d'ormes, elle était surtout habitée par des commerçants, des fonctionnaires, des retraités et, dans une moindre mesure, par des familles de marins.

L'hôtel du Parc aux Huîtres, tenu par monsieur Créquy est réputé pour ses huîtres, sa friture et son cidre bouché en provenance des fermes de Vimeu. Au voisinage, en venant de la Mollière, on trouve l'épicerie-débit de tabac de monsieur Gavois (ci-dessus), éditeur de très belles cartes postales.

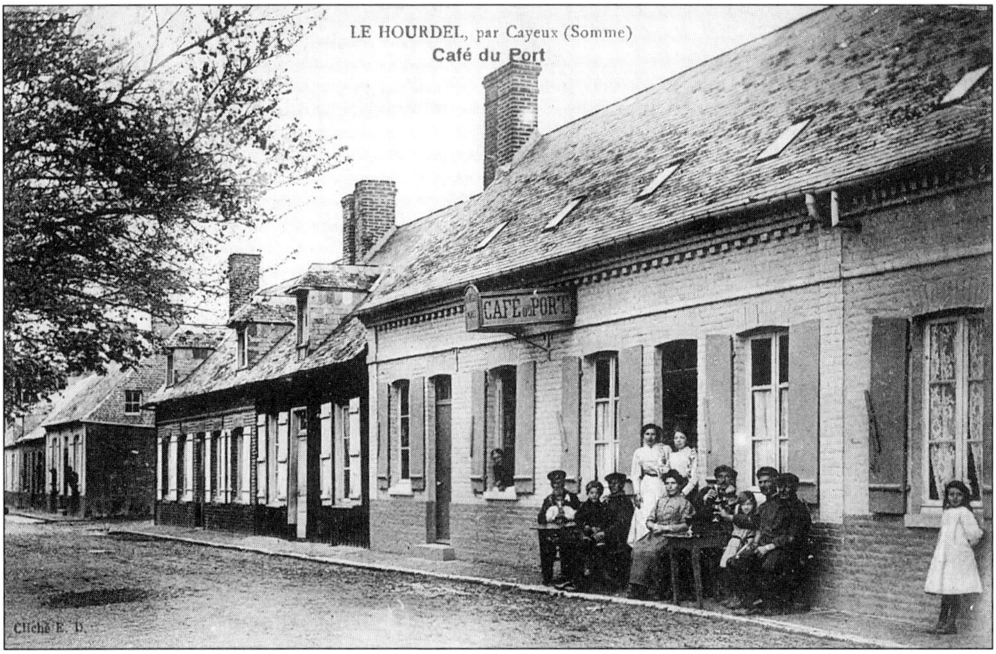

Le café du Port est tenu par Nicolas Nione. Sur la gauche, on trouve la maison de Maniotte et de sa femme Véronique, celle de Blondin le Douanier, et enfin celle du grand-père François et de sa femme Cécèse.

A l'autre extrémité de la rue Par-Devant se trouvait l'école communale de filles et de garçons. Sa construction, décidée en février 1897 par le conseil municipal, fut réalisée sur des plans de l'architecte Këppler pour la somme de 6 800 francs. Mademoiselle Hervé et madame Martin furent institutrices dans cet établissement.

La création du port du Hourdel est assez récente. Les travaux de 1831 anticipèrent cependant une décision ministérielle du 15 juin 1833 qui entérinait le creusement et l'approfondissement d'un port. Il n'existait pas, auparavant, d'infrastructure permettant aux bateaux d'accoster, tout au plus un rocher couvert de sable comme le décrivait, en 1634, le sieur Maupin, ingénieur du cardinal de Richelieu.

Des dundees, toutes voiles dehors, longent le quai en bois. Construit au nord du port, en 1833, par l'ingénieur Mary, il fut prolongé en 1891.

Pour éviter l'envasement du port, on construisit, par décision ministérielle du 25 août 1837, un bassin de chasse. Long de 410 mètres, large de 40 et profond de 8,23, à la date du creusement, il pouvait ainsi contenir quarante mille m3 d'eau. Il était obturé par deux vannes en charpente de 1,80 mètre de haut et de 1,34 mètre de large. Leurs ouvertures nettoyaient le fond du port et ralentissaient l'envasement. Mais en 1854, le bassin s'envasant lui-même, on dut entreprendre son curage ; l'opération fut répétée en 1891. Il fut ensuite abandonné et le terrain vendu en 1934.

Depuis 1837, au fond du port, juste à côté des écluses du bassin de chasse, il existait un barrage en charpente. Il était équipé, à l'origine, de panneaux orientables qui dirigeaient le courant violent vers la jetée. Il fut supprimé en 1912.

A l'extrémité de la rue Par-Devant, à côté du calvaire et de l'école, se trouvait un mât à signaux. Installé en 1855, avec la cloche de brume, il indiquait le sens et la hauteur des marées. Les marins l'avaient surnommé «*ch'fu qui seute*».

Un phare remplace désormais l'ancien feu de marée. Il se compose d'une tour et d'un bâtiment où l'on range le matériel électrique et de service. En 1950, on installa un feu au sommet de la tour, puis une sirène de brume d'une portée de 6 à 10 km, selon le vent.

Amarré au quai, le *Neptune*, remorqueur en fer à hélice, servait également pour les promenades en mer.

La Picardie était, lui, un remorqueur à vapeur à coque en bois et équipé de roues à aubes qui servait de bateau d'excursion du Crotoy au Tréport. Il renfloua le brick Méditerranée en mars 1891. Bloqué sur un banc de sable, devant Cayeux, le voilier dut jeter à la mer 20 tonnes de son chargement de sel pour se sortir de sa fâcheuse posture. *La Picardie* le remorqua jusqu'à Boulogne.

En mai 1944, l'armée allemande d'occupation rasa entièrement le village. Il fut reconstruit tel que nous le connaissons maintenant. Sur cette photo aérienne, à côté du phare, on distingue les restes de l'ancien mât.

Le nom du hameau de Hurt viendrait d'un mot d'origine germanique désignant une habitation. Au XIIIe siècle, ce hameau fut une seigneurie appartenant à Eustache de Hurt, puis à Louis de Bos, demeurant à Amiens, au XVIe siècle. Les seigneurs de Bardes devinrent propriétaires des lieux aux XVIIe et XVIIIe siècles. Le hameau se composait de 30 maisons en 1820 et comptait 97 habitants au début du siècle.

III
Les ressources économiques

Les habitants de l'agglomération de Cayeux se subdivisaient, au début du siècle, en deux sous-populations distinctes : celle du Bout d'Aval (quartier de l'ancienne église) et de la rue à Baudets, composée d'agriculteurs, et celle du Bout d'Amont, constituée de marins. Comme dans d'autres communes de bord de mer, ces deux entités ne se mélangeaient pas.

Les terres agricoles cayolaises sont des polders picards, appelés Bas-Champs. Leur progression se fit grâce à l'édification successive de digues, ou renclôtures, délimitant ainsi de nouvelles parcelles conquises sur la mollière qui se forme naturellement. Toute la zone sud des Bas-Champs, à l'instar de l'Enclos Mouchette, fut conquise entre le XIVe siècle et le XVIIe siècle, tandis que la partie nord le fut de 1677 à 1860. Le tout représente 4 252 hectares en 600 ans.

Après le grignotage sur le domaine maritime, il fallut transformer ces sols salés en terre cultivable et assurer l'évacuation de l'eau de pluie qui s'infiltrait difficilement dans le sol. Pour assurer son écoulement, on créa un réseau complexe de canaux, appelés courses, ou *nocqs* en patois picard. La jeune fille sur la photo en désigne un.

Les canaux convergeaient tous vers le sud de Cayeux où était situé un système d'écluses qui permettait de laisser échapper cette eau douce vers le Hable d'Ault. En 1767, les écluses furent obstruées avec des galets. On ouvrit alors deux grandes courses rectilignes : le canal de Cayeux et le canal de Brutelles-Lanchères, débouchant au fond du port du Hourdel par un système de vannes, avant de se jeter dans la baie de Somme.

L'utilisation des terres agricoles est conditionnée par leur teneur en sel. Les prés-salés, terrains d'élevage, sont encore gorgés de sel. Quand ils n'en contiennent plus, on les consacre à la culture.

Les conditions d'exploitation des surfaces agricoles sont très contraignantes : caractéristiques du sol, fossés de drainage, taille des parcelles... Cette situation conduisit à utiliser les terres pour la production animale (lait et viande). En 1991, la moitié des surfaces était fourragère.

Dans le champ, à droite, en bordure de l'actuel D 102, des paysans ramassent leur récolte de betteraves. Cette culture, en 1991, avec 8% des 3 750 hectares consacrés à l'agriculture, assura un meilleur rendement que les 37 % de céréales et 5 % de pois et colza. Vers 1900, on récoltait également de la luzerne, du trèfle, des céréales, de la bisaille et du colza.

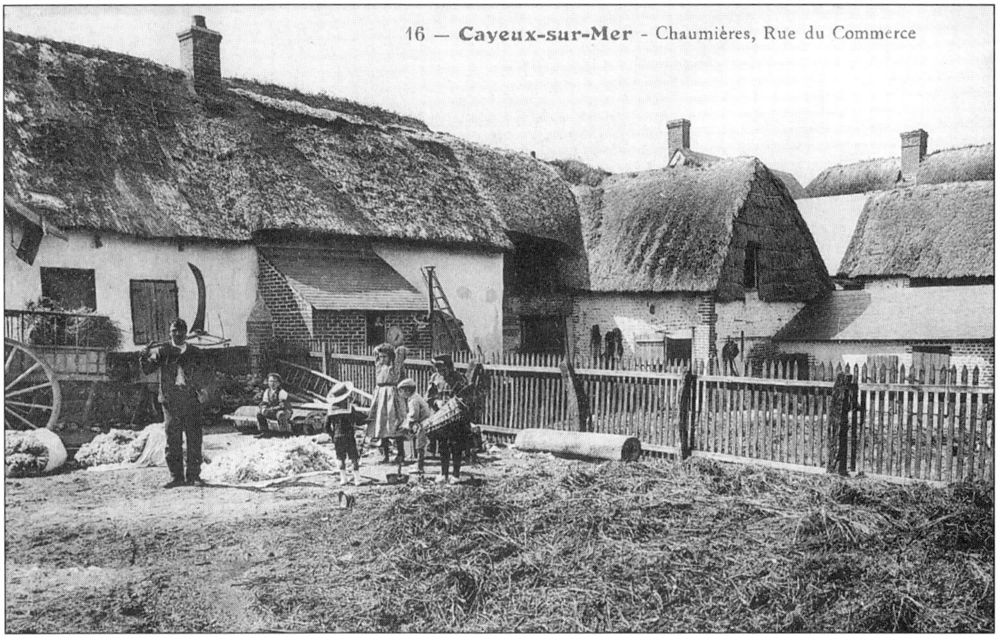

Au début du siècle, une analyse pédologique portant sur les proportions d'argile, de calcaire et de sable fut menée. Il s'avéra que les terres agricoles de Cayeux convenaient à la culture du blé. De nombreux propriétaires louèrent alors leurs terrains à un prix onéreux (100 francs l'hectare en 1904), négligeant les difficiles conditions d'exploitation.

Devant ces chaumières, un couple de paysans a un regard satisfait sur sa culture potagère. La culture de légumes et de fleurs faisant défaut au début de ce siècle, surtout durant la saison estivale, ils en tireront certainement un bon prix.

Le quartier de l'ancienne église, appelé le Bout d'Amont, regroupait une population de fermiers et de serruriers, vivant dans les plus anciennes demeures de la commune. Délimité par les rues Saint-Blaise, des Mathurins, d'Enfer et la Grande rue, il est le reflet du XIXe siècle depuis lequel rien n'a changé.

L'incendie du 26 septembre 1727, est à l'origine du nom de cette rue. Il démarra dans une brasserie et sinistra une centaine de maisons ainsi que les récoltes environnantes. L'expression populaire : «un feu d'enfer» suffit à la baptiser rue d'Enfer.

Au début du siècle, Cayeux possédait une industrie serrurière florissante. Elle employait, en 1904, 310 serruriers de la commune et 30 des hameaux voisins. Le syndicat des serruriers de la commune pensa même participer au Congrès de métallurgie qui se tint en septembre 1903 à Paris, mais le conseil municipal du 10 juin de la même année ne lui attribua que 60 francs.

L'atelier est la partie de la maison la plus éclairée grâce à la baie vitrée. La chambre, plus sombre, compose le reste de la maison.

Le moulin de la Petite Croix, appelé ainsi en raison de la proximité du calvaire marquant le chenal du Hable d'Ault, était l'un des 18 moulins qui tournaient à Cayeux en 1850. Il était dit sur pioche (pivotant sur sa base). Il était situé à l'emplacement de la villa *Port Arthur*, sur l'avenue Dumont d'Urville, près de l'Ecce Homo. Il appartenait à Napoléon Cayeux, puis à la famille Ducroquet, et fut démoli vers 1882.

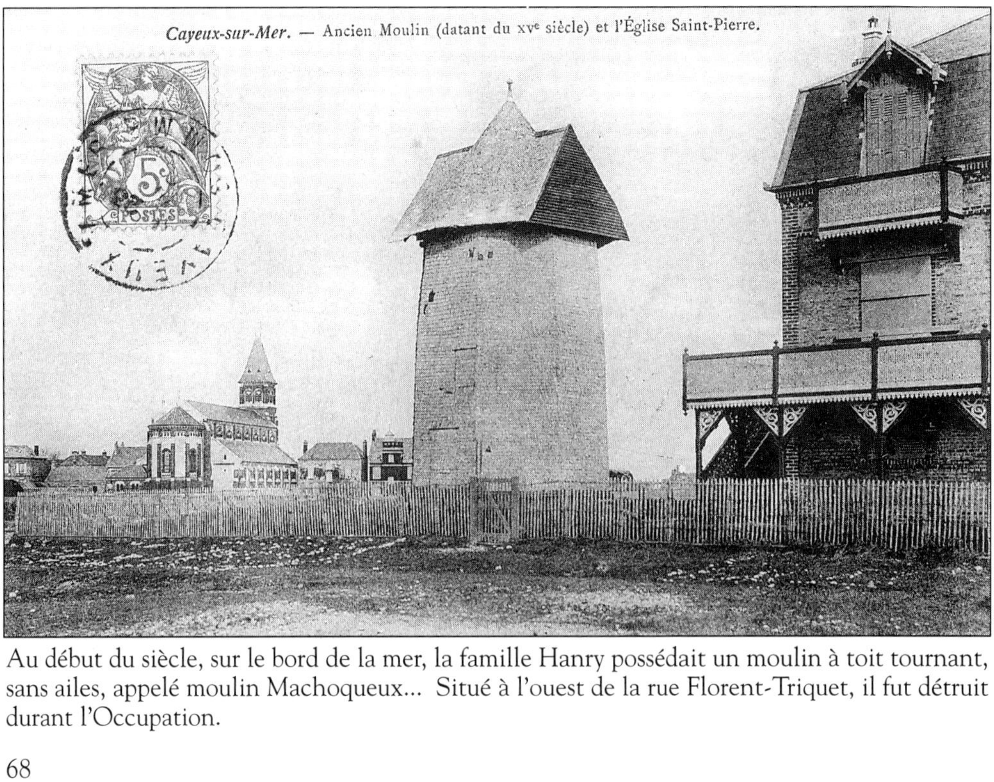

Au début du siècle, sur le bord de la mer, la famille Hanry possédait un moulin à toit tournant, sans ailes, appelé moulin Machoqueux... Situé à l'ouest de la rue Florent-Triquet, il fut détruit durant l'Occupation.

Le moulin des Alouettes était situé dans la rue du Moulin, sur une butte encore visible. Il ne subsiste de nos jours que deux meules de calcaire.

Il appartint en dernier lieu à Nelly Morel-Mayot qui le fit détruire en 1937. Ce lieu est appelé le Percher du Curé : le curé de la paroisse s'y perchait les nuits de tempête et, agitant un fanal, provoquait des naufrages «fructueux».

La pêche fut longtemps une des principales ressources des Caouais. Elle rapporta trois cent quatre-vingts mille francs en 1901, contre deux cent cinquante mille en 1865. Cette amélioration des gains fut le fait du rajeunissement de la flottille au début du siècle.

En 1865, la marine cayolaise était une des plus pauvres de la région de Saint-Valéry. Elle regroupait 13 bateaux de gros tonnage, équipés pour la pêche aux harengs sur les côtes écossaises. Ces lieux de pêche étaient abandonnés depuis 1860 et la flottille ne correspondait plus à la pêche locale. On décida donc d'armer des bateaux plus petits.

Les marins formaient une population qui ne se mêlait pas au reste des Cayolais, et encore moins aux estivants. Très pieux, ils ne manquaient aucune messe dominicale et assistaient à toutes les processions.

La principale pêche était celle aux poissons dits frais ; les marins rapportaient essentiellement des poissons plats (sole, turbot...). La pêche au hareng, poisson migrateur, s'effectuait à la morte saison, en deux périodes : au mois d'octobre (en canot) et de novembre à mi-janvier (avec des bateaux de petit tonnage).

Les filets utilisés pour la pêche aux harengs appartenaient aux marins de l'équipage. En général, on comptait 5 filets par homme embarqué pour la pêche d'octobre contre 14 pour la pêche de novembre ; certains n'en possédaient pas. Les veuves des marins, les marins invalides, ou les marins embarqués sur un autre bateau, pouvaient prendre part aux bénéfices en prêtant des rets. Cette photo a été prise devant le 5, rue Emile Blondin.

La pêche aux harengs nécessitait de suivre les poissons en migration au moment où ils passaient le long des côtes picardes. Les bateaux allaient jusqu'au Tréport, Dieppe et Le Havre, ce qui impliquait des dépenses supplémentaires. Cette pêche offrait toutefois un bon apport d'argent en cette période creuse. La forte diminution des captures mit fin à cette pêche en 1914.

La rade de Cayeux était foraine. Il n'existait pas de quais où débarquer. Un ou deux hommes de l'équipage restaient donc à terre à tour de rôle et allaient chercher le poisson à l'aide d'une chaloupe quand le bateau se présentait.

Le poisson était transporté de la barque au lieu de vente (généralement la halle aux poissons), par des voitures appelées ballons. Si la houle ne permettait pas le déchargement, le bateau se rendait au Hourdel et utilisait ensuite les services d'un voiturier.

La pêche à la crevette se pratique à marée basse avec un filet appelé "rocher" en patois local. On rentre dans l'eau jusqu'aux genoux ou à mi-poitrine, puis l'on trace des bandes en le raclant sur le fond sableux. La vente de la «récolte» constituait un apport supplémentaire d'argent pour les familles.

Les verrotiers récoltent un ver marin, appelé arénicole, en fouillant le sable du bord de l'eau. Ces invertébrés servent pour la pêche à l'hameçon. En 1885, un verrotier gagnait 1 franc par récolte.

Il faut souvent vérifier et réparer les voiles. Ces marins se sont «posés» au milieu de la place Victor Hugo. Le tabac-buvette n'existe plus, mais on reconnaît l'endroit grâce à sa vitrine et à la disposition de la porte.

Les bateaux doivent être révisés régulièrement. Pour ce faire, on attend la marée basse et lorsque le bateau repose sur le sable, à l'aide d'une brosse, on nettoie la coque. Les voies d'eau sont ensuite colmatées et la coque enduite de goudron minéral obtenu à partir de la houille (photo ci-dessus).

Les travaux de la halle aux poissons commencèrent en 1882, sur un terrain acheté par la mairie (derrière le syndicat d'initiative). Démolie par les Allemands, lors de la Seconde Guerre mondiale, elle fut reconstruite par Bellet mais ne servit que quelques années. Abandonnée parce qu'elle ne répondait plus aux besoins, elle fut transformée en douches municipales.

Des pêcheurs prennent une bonne "bistouille" à la terrasse du café Continental, tenu par Daniel Maclart, rue de la Halle, devant la poissonnerie. Le terme "bistouille" ne signifie pas seulement prendre un verre, mais englobe aussi le fait de passer un moment dans un café.

Les particuliers pouvaient venir acheter leur poisson au détail, à côté des crieurs et des mareyeurs. Un prélévement de 1% était effectué sur la vente du poisson pour rembourser les frais de construction de la halle qui s'élevaient à quinze mille francs de l'époque.

En mars 1846, monsieur Parmentier, armateur à Cayeux, proposa au maire de Saint-Quentin (Aisne) de le livrer en poissons, par voiturier, quelques jours de la semaine. Les conditions à la première livraison furent l'achat de la voiture, le remboursement des frais d'emballage (ficelle et paniers) et de route, plus une somme de 30 francs.

Au début du siècle, un potier ambulant se déplaçait encore de village en village pour vendre sa production. Des cruches destinées au transport de l'eau ou aux préparations culinaires (salaisons, marinades) sont pendues à la carriole.

Regroupées dans le Bout d'Aval, la plupart des habitations de pêcheur étaient moins rudimentaires que celles ci-contre. Nicolas Devismes, patron du canot de sauvetage de 1875 à 1913, pose dans une rue de ce secteur.

La villa *Au Pauvre Toto* était l'habitation du père Coq, époux de Marie Polone. Ce simple bateau bâché était posé au milieu des galets, au bout de la rue Fleury, en face de la villa *Le Roi Soleil*. Vincent Besnier en fit une description croustillante : «villa habitée par un viel amphibie aux pieds palmés et ayant beaucoup d'eau salée dans les veines».

La villa de *L'Hirondelle* est un ancien bateau transformé en habitation par monsieur Delange, pour son «vieux serviteur».

En mai 1842, monsieur Richard, commissaire de marine, dota Cayeux d'un canot de sauvetage. Certains bateaux plus «chanceux» s'échouaient sur la grève ; il suffisait d'un attelage de 8 chevaux pour les remettre à la mer.

La commune posséda successivement deux canots de sauvetage. Le premier, l'*Amiral Courbet*, fut utilisé de 1876 à 1901. Le second, le *Benoît-Champy*, fut en service de 1901 à 1957. L'abri, construit au début du siècle sur l'esplanade Aristide Briand, possède deux ouvertures, ce qui facilite d'autant les manoeuvres.

La sortie du canot de sauvetage était un spectacle qui ravissait les estivants. Il fallait une petite heure pour le transporter, sur un chariot, en n'importe quel point du rivage et le mettre à la mer. Quatre chevaux suffisaient pour le descendre, mais douze étaient nécessaires pour le remonter. Le canot effectuait également des sorties de démonstration en période estivale.

Les canotiers se préparent à disposer les avirons. Une retenue, placée au niveau de l'homme qui est debout sur le chariot, permettait au canot de ne pas partir trop vite à la mer. Le remplacement du canot *Amiral Courbet* par le *Benoît Champy* fut décidé par la Société centrale de sauvetage des naufragés (créée le 17 novembre 1865), à la suite d'un don de 25 000 francs de la veuve de Benoît Champy.

Au début du siècle, on recensait 4 chantiers de construction navale : celui de Julien Bocquet (rue Fleury), d'Armand Cailleux (rue de Vimeu), de Paul Cailleux (à l'angle de l'avenue de la Gare et de la rue de Vimeu) et de Nicolas Lecoq (à l'angle de la rue du Tennis et de la rue du Général Leclerc).

Le baptême d'un bateau avait lieu soit sur la digue de galets, soit au chantier. Cette photo a été prise à l'entrée principale. Le vicaire de la paroisse, assisté d'un enfant de choeur, commence la cérémonie par la lecture, à voix basse, puis à voix haute, de quelques lignes d'un livre de prières, accompagné par le chantre.

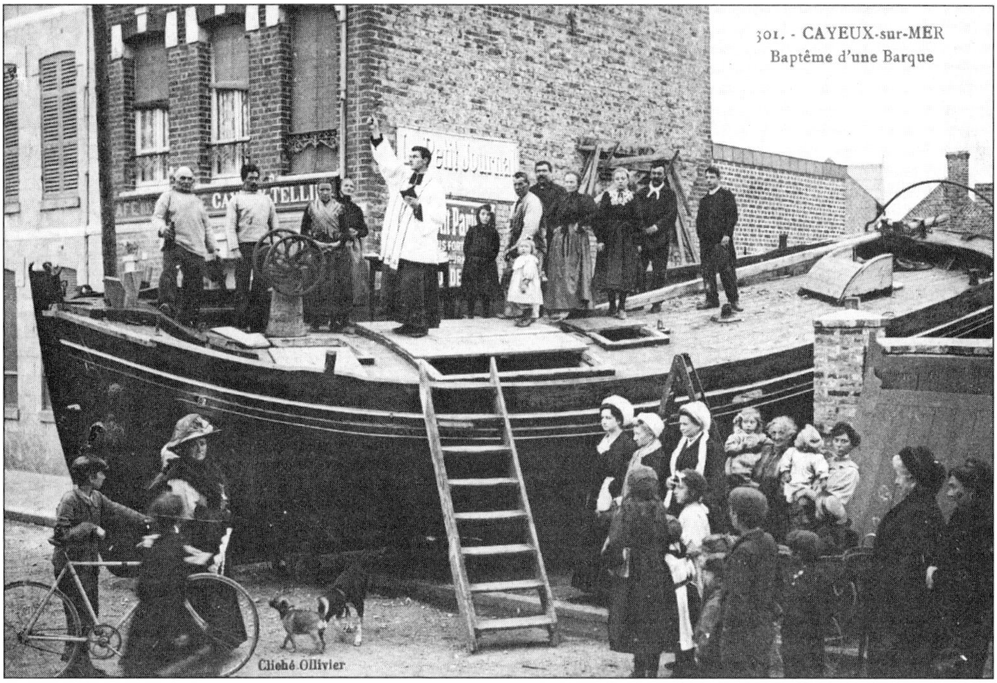

Le curé continue le baptême en aspergeant le pont du bateau d'eau bénite. Un enfant de choeur lui présente une assiette remplie de blé et de sel qu'il jette par grosses poignées sur le pont et dans les écoutilles (ouvertures rectangulaires situées derrière le curé).

Le patron cassait ensuite une bouteille de vin sur le pont. La cérémonie se terminait par la lecture de nouvelles prières à haute voix, puis le parrain et la marraine du navire distribuaient du vin et des brioches à tous les invités. Ces réjouissances donnaient l'occasion de se retrouver en mangeant et en buvant à la santé du bateau, comme nous le voyons sur cette photo.

Le bateau sort du chantier Bocquet (rue Fleury), tiré par des chevaux jusqu'à la plage.

A marée montante, on tire le bateau sur le sable, toujours à l'aide de chevaux mis à la disposition du patron du chantier par les mareyeurs. Le courant l'emportera jusqu'au Hourdel où il sera gréé.

L'industrie du galet, commencée en 1840, est une ressource économique importante pour toute la commune. En 1900, un peu plus de cent mille tonnes de galets furent exportées. Le galet qui se dépose sur les côtes de la Somme est d'une qualité unique, tant par sa dureté que par sa teneur en silice (99%). Il provient de l'érosion des falaises du pays de Caux qui libèrent quatre cent mille m3 de silex par an. On récoltait les galets à la main et on en remplissait des mannes de 40 kilos, sortes de grands paniers en osier (photo ci-dessus) ; les ramasseurs étaient payés à la tonne.

On chargeait, depuis 1865, les galets sur des radeaux surnommés "plats bords". Quand ceux-ci étaient pleins, les femmes et les hommes attendaient la marée pour les guider jusqu'au Hourdel. Cette navigation à travers les bancs de sable était très périlleuse.

Dès que la ligne ferroviaire fut construite, en 1886, on limita le transport par "plats bords", lui préférant des wagonnets roulant sur un réseau de rails Decauville et tirés par des chevaux. Des rails étaient visibles rue Dumont d'Urville, rue du Chevalier de la Barre, chemin de Biais, ainsi que le long de la fondation Groult à Brighton.

En 1909, on construisit un appontement en béton dans le port du Hourdel. Ceci permit le chargement des galets dans des bateaux à vapeur anglais. Il fut détruit en mai 1944, comme tout le reste du hameau.

Des rails reliaient directement l'appontement aux carrières. Un bateau à vapeur pouvait contenir jusqu'à cinq mille tonnes de galets dans ses cales. Ces bateaux anglais transportaient leur chargement vers l'Allemagne et la Hollande.

Avant la Première Guerre mondiale, on installa un concasseur de galets au Hourdel. En 1925, la compagnie des émeris construisit une usine de broyage. L'usine Sanson installa une unité de calcinage et de pulvérisation de galet cuit, en 1929, à Cayeux. D'autres entreprises spécialisées dans le galet suivirent. En 1939, cette industrie employait 200 ouvriers, contre 270 actuellement.

Vers 1900, le marché se tenait place Clémenceau. Moins large qu'actuellement, cette dernière était séparée de la place de la République par deux maisons basses. Les marchands occupaient également la rue Pasteur, derrière le casino.

En face du salon de coiffure, tenu par Riqué à la Houpe, on trouvait la charcuterie Doudet-Tertuien. Le patron est sur le pas de la porte. La boutique a fait place à la menuiserie Cléret. Au fond du marché, il existait d'autres boutiques, telles l'épicerie de Hoingne ou la fromagerie de Sésèze.

Les terres de Cayeux étaient peu productives en légumes. Les «jardiniers» de Pendé, Brutelles, Saint-Valéry... venaient vendre leur production sur le marché aux comestibles qui se tenait chaque mardi et vendredi.

Vers 1900, des figures mythiques hantaient le marché. Il y avait "Cazaux qui vend ses bigarreaux tout palots", ou encore cette femme qui propose ses coques, coquillages récoltés sur la plage, à marée basse.

Le père Lapin vend des poires en chantant : «*Des poères à boin goût et joli goût / Rrragoutez vous mesdames, mais qu'elles sont boênes / Mes boênes poires / Ché poè des poères, ché d's oranges*». La friperie Bailleul de Saint-Valéry, où s'habillaient de nombreux Cayolais, avait l'habitude de s'installer au fond du marché.

A cette époque, on trouvait des marchands de légumes, de volailles, de tissus, de vaisselle, de quincaillerie, de jouets à deux ou trois sous, ainsi que des marchands de chansons qui proposaient des textes à la mode. Les marchands entonnaient aussi des airs typiques et des boniments. «Chacun se connaissait et on se demandait réciproquement des nouvelles» regrette un ancien Cayolais.

En raison de l'importante fréquentation du marché par les estivants, la municipalité envisagea d'en construire un nouveau, couvert et plus grand. Finalement, en 1957, Anatole Mopin décida de déplacer le marché à l'angle de l'avenue Paul Doumer et de la rue des Corderies, tel que nous le connaissons aujourd'hui.

Monsieur Blondin, maraîcher, père de madame Fanelli, avait une place fixe. Il stationnait toujours sa camionnette (modèle C4) à l'entrée du nouveau marché et venait par tous les temps, même sous la neige.

Le café-hôtel-restaurant Parisien se situait avenue de la gare (avenue Paul Doumer). Il était dirigé par monsieur Herbet qui proposait une cuisine bourgeoise très soignée, à prix modérés. L'établissement possèdait une grande salle de bal transformable en théâtre où sa propre troupe d'amateurs (cayolais) donnait entre autres: «*Ces dames aux chapeaux verts*», un classique. Après le spectacle, un trio instrumental prenait la suite. Des scéances de cinéma, animées par une musique tirée d'un répertoire approprié, étaient proposées régulièrement. Au début du siècle, Herbet fut l'un des chefs de file de la musique traditionnelle et il organisait régulièrement des bals où se pressait l'ensemble des Cayolais, agriculteurs ou marins. L'établissement fut vendu en 1920.

Au Petit Café est resté dans le même état, il se situe à l'angle de la rue Emile Blondin et de l'avenue Paul Doumer. Le nom du propriétaire, Herbet, figure sur le vitrail surmontant les deux portes d'entrée. Monsieur Herbet est assis à gauche de l'entrée de droite.

L'hôtel l'Univers se trouvait avenue Paul Doumer, à l'emplacement de la résidence. Il avait 30 à 35 chambres. Vers 1900, la fanfare de Cayeux, dirigée par monsieur Ferté, célébra sa fête annuelle dans la grande salle de bal de l'hôtel.

Créé par Jean-Marie Ternisien, menuisier, le café Le Gargantua est situé place Courbet. Il eut plusieurs propriétaires : Henri Ternisien, Adrienne, Pierrot Bennot, Marguerite Bennot.

Le café Maritime, place Victor Hugo, était tenu par Termisien-Bocquet. Au début du siècle, la façade donnant sur la place était plus réduite. On voit, à gauche, une maison de pêcheur (*La Gracieuse*) qui fut englobée dans le café au cours de la rénovation.

G. Bayle est à l'origine de cet hôtel de la rue Antoine Sauvage. L'établissement comportait une trentaine de chambres. Il est aujourd'hui désaffecté. Une partie des pensionnaires se rassemble devant l'hôtel pour être sur la photo.

Le grand hôtel des Bains, maintenant salle des fêtes, était situé à l'angle de la rue Thiers et de la rue du Docteur Bourjot. Monsieur Fontaine, propriétaire du Panier Fleuri, un hôtel situé dans le quartier de l'ancienne église, décida de faire construire ce bâtiment en bordure de mer, dans le Bout d'Amont. Le quartier devint à la mode à la fin du XIXe siècle ; les premiers vacanciers y louaient des maisons de pêcheurs. En 1886, un jardin fut aménagé devant l'hôtel.

La maison de monsieur Vannier, plombier-couvreur, est toujours située à l'angle de la rue du Maréchal Foch et de la rue Prelet. La toiture mérite l'attention : les ardoises sont disposées avec goût et dessinent des fleurs au coeur parme et aux pétales gris. Le développement des constructions au Bout d'Amont fit prospérer les entreprises du bâtiment.

Il était courant de se faire photographier en groupe dans différents lieux de la station. Cette activité lucrative attirait bon nombre de photographes durant la saison balnéaire.

La boutique du photographe était installée à l'entrée de la plage, à l'angle du boulevard du Général Sizaire et de l'esplanade Aristide Briand. Il était tenu par J.Van Acker, éditeur-photographe à Senlis. Monsieur G . Huette, photographe originaire de la même ville, possédait lui aussi un magasin tout proche.

Chapuzot, également éditeur de cartes postales, se vantait d'opérer par tous les temps. On lui doit de très belles vues de la commune.

Vers 1900, ce kiosque était situé à l'entrée de la plage, derrière les cabines.

IV

Les activités religieuses

La vieille église du XIIIe siècle est un des rares vestiges que nous pouvions admirer vers 1900. Elle est en très bon état, bien qu'ayant souffert d'un incendie le 30 avril 1811. La tour, pyramide surbaissée, abrite une cloche qui fut la seule de la commune jusqu'en 1902. Au XVIIe siècle, pendant le conflit avec l'Angleterre, une vigie y prenait place en permanence.

Les murs de l'église sont faits d'un sobre damier où alternent les silex sombres et le grès clair. Par 13 voix contre 7, le conseil du 14 août 1897 refusa la restauration de l'édifice, jugée trop onéreuse. Il préféra voter la construction d'une nouvelle église (église Saint-Pierre) sur le terrain donné par monsieur Black, industriel près de Cambrai. A. Mopin, soutenu par la Société d'histoire et d'archéologie de Vimeu, tenta, en mai 1906, une démarche pour obtenir un financement permettant la remise en état de l'église. Ce fut peine perdue

Une cérémonie eut lieu, le 10 octobre 1909, devant la tombe de soeur Françoise Sannier, décédée le 25 mars 1904. Elle appartenait à la congrégation de la Sainte famille et était la directrice-fondatrice de l'école Saint-Joseph. En arrière-plan, on voit l'ancienne église qui succombe, par manque de réfection. Il faut savoir que la municipalité était pour le moins anticléricale et que le curé s'intéressait peu à la préservation des vestiges historiques.

L'Ecce Homo, oratoire et lieu de prière abritant un Christ aux liens, était déjà présent rue Dumont d'Urville au XVIIIe siècle. Il se situe maintenant à l'angle nord-est des rues Maréchal Foch et Chevalier de la Barre. La grille, plus récente, date de 1860, comme en atteste une inscription en fer forgé, toujours visible. La rue Dumont d'Urville a été percée en 1902 à travers les champs.

La ville de Cayeux possédait 9 calvaires au début de ce siècle. Actuellement, on n'en dénombre plus que 6. Celui érigé dans la rue Anatole Mopin, en face de la rue Parmentier, le long de la façade de la maison de Dosie Méda (Théodosie Amédée) est de ceux qui ont disparu. Il a été enlevé vers 1950.

La construction de la nouvelle église répondait à deux nécessités : suivre la mode de l'époque voulant que la ville se déplace vers le Bout d'Amont et offrir un lieu de culte plus grand, capable d'accueillir les vacanciers. On refusa le projet de l'architecte Billoré, lui préférant celui d'E. Riquier, connu pour sa réalisation du cirque d'Amiens.

Une souscription, par l'intermédiaire de ces images pieuses, fut lancée pour trouver des fonds nécessaires à l'édification de la nouvelle église. Au dos de ce document, on peut lire que le souscripteur sera considéré comme fondateur avec un versement de 1 000 francs (inscription dans le sanctuaire), bienfaiteur avec un versement de 500 francs (messe après décès) et donateur avec 200 francs (inscription au livre d'or). Il est indiqué la proposition suivante : «Le souscripteur d'un pilier : 2 000 frs a son nom gravé au chapiteau. Toute offrande peut être payée en plusieurs fois». Les bourses plus modestes pouvaient s'offrir des galets de fondation : galet d'or (100 francs), galet d'argent (50 francs) et galet de la plage (10 francs).

L'inauguration de la nouvelle église, en 1902, donna lieu à une imposante procession. En tête, on peut voir le curé de la paroisse.

La chapelle des marins de Cayeux, située actuellement rue Gambetta, est dédiée à la Sainte Vierge. Construite en 1860 sur les plans d'Oswald Macqueron, puis agrandie en 1889 d'après ceux de Douillet, elle ne fut dotée que d'une simple clochette jusqu'en 1954. C'est l'abbé Bailleul qui obtint de l'évêché une cloche plus conséquente. Elle fut consacrée, sous le nom de Marie, le 16 mai 1954 par monseigneur Stourn, évêque d'Amiens. Don du baron de l'Epine de Prauzel, elle était à l'origine sur le toit d'un château.

Une procession de Notre-Dame-du-Rosaire. Sur l'étendard, on peut lire : «5ème rosaire mystère joyeux»

La bénédiction de la mer est une coutume au cours de laquelle on demande la protection divine et une pêche abondante pour les marins. Elle commence par une messe, puis se poursuit par une procession. Arrivé au rivage, le prêtre bénit les flots.

V

La saison balnéaire

Le mât situé à l'entrée principale, à droite de ce marin aux pieds nus, porte une plaque qui rappelle la signification des drapeaux relatifs aux dangers de la baignade. Il fallait mettre en garde les nombreux vacanciers qui venaient profiter des bains de mer. En 1895, Cayeux possédait une population de 3 300 habitants et accueillait 3 000 estivants. En comparaison, à Saint-Valéry, commune de 3 500 habitants, le nombre de vacanciers n'excédait pas 300.

On découvre ici le quai Neptune. Les cabines fixes existent encore boulevard du Général Sizaire. En mai 1895, monsieur Käppler, architecte qui réalisa les plans du nouveau casino en 1910, soumit deux projets d'aménagement de la bande de galets au conseil municipal. L'un proposait la réalisation d'un plan d'une longueur de 600 m, pour 44 000 francs, l'autre le remplacement du chemin de planches par un promenoir, pour 13 500 francs. Tous deux furent refusés, faute de fonds. En définitive, une somme de 400 francs fut allouée pour niveler le chemin déjà existant.

Pour avoir un chemin de longueur identique au nord et au sud, C. Belin, maire de l'époque, décida de prendre l'abri du canot de sauvetage, situé à cette époque à l'entrée principale, comme point central. Avant cette décision prise au conseil municipal de juin 1897, le chemin de planches était surtout présent du côté sud, jusqu'au phare appelé «feu de marée». Sur le côté nord, vers la chapelle des marins, il était inexistant.

Il arrivait que la tempête soit si violente que les cabines étaient renversées, déplacées parfois très loin, ou brisées. Il fallait donc les démonter comme on le voit sur cette photo. Quelquefois, le vent projetait les galets sur la digue.

Bien installé dans une des 450 cabines qui bordent les planches, il n'était pas nécessaire de se déplacer jusqu'aux boutiques. On pouvait faire quelques achats auprès des différents vendeurs de journaux, de pâtisseries... La boulangerie-pâtisserie R. Gricourt, 9, rue Jean Bart, envoyait ses jeunes vendeurs.

L'étendue sableuse qui se découvre à marée basse permet bon nombre de loisirs, dont la baignade. Le père Charles, à droite, était un guide baigneur.

Les baigneuses étaient très pudiques à cette époque. Il n'était pas de bon ton de se montrer trop dévêtue, d'autant que l'article 1 de la loi du 18 juillet 1837 stipulait : «Il est interdit à toutes personnes de se présenter aux bains sans être couvert au moins d'un caleçon convenablement clos ou d'un pantalon, ce que les personnes de la localité peuvent se procurer chez eux, et que les étrangers trouveront aux loges qui se trouvent sur le rivage».

Cette année, le petit André est bien décidé à ne laisser échapper aucune des crevettes qui passeront à proximité de son filet. Sur le littoral picard et normand, la mode des bains de mer remonte aux environs de 1840. Dès lors, Cayeux, bourgade de pêcheurs, devint une station balnéaire très cotée.

La pêche à la crevette est un loisir souvent pratiqué en famille. C'est à qui en attrapera le plus. Les femmes et les anciens pêcheurs qui pratiquaient cette activité pour améliorer leur faible revenu n'y trouvaient, eux, aucun amusement et devaient s'y consacrer par tous les temps, avec de l'eau jusqu'à la taille.

Les concours de construction en sable rassemblent les adultes et les enfants. Chacun fait preuve d'imagination et d'habileté pour confectionner le chef-d'oeuvre qui lui permettra d'être immortalisé sur une photo. Alfred Lelaisement, architecte d'un jour, a reconstruit la cathédrale d'Amiens.

Une autre activité de plage regroupait un grand nombre de vacanciers : des équipes d'une dizaine de personnes -le plus souvent des enfants- construisaient des forts (visibles à l'arrière-plan) qui devaient résister à l'assaut des vagues lors de la montée des eaux. L'équipe gagnante était celle dont le fort avait résisté le plus longtemps.

Par une belle journée, rien ne vaut une partie de croquet pour profiter du bon air de la plage. Ce jeu très ancien remonte au XVIe siècle.

Les régates, auxquelles une quarantaine de bateaux prenaient part, étaient très appréciées des estivants. Au début du siècle, elles avaient lieu à l'entrée de la plage. La fanfare jouait en l'honneur du gagnant lors de la remise des prix. Les marins finissaient la journée en buvant une bistouille dans leurs cafés habituels (Le Continental, Le Globe...).

Situé à proximité de l'entrée principale, le Kursaal était un hôtel appartenant à messieurs Dufrenne et Grandjean, également propriétaires du Casino. L'établissement possédait un équipement moderne (éclairage électrique, garage avec fosse pour auto...) et une somptueuse salle des fêtes. Il était réputé pour ses apéritifs concerts. Les bonnes en quête de galants pouvaient venir se divertir au bal du Magic City.

En 1879, la commune acheta un terrain où elle fit construire un petit casino pour la saison de 1880. Une société par action gérait l'établissement loué à monsieur Ferté. Le succès de l'entreprise conduisit la société à agrandir les lieux l'année suivante. Sur ce document, le bâtiment, avec façade de 100 pieds de long, apparaît rénové. Le sous-sol était destiné à divers usages comme les bains chauds. On aménagea également une terrasse sur toute la longueur de l'édifice qui comprenait deux salles de consommations, une salle de musique, une salle de lecture et une vaste salle de bal. La propriété était entourée d'une charmante clôture.

Le nouveau casino, construit d'après les plans de monsieur. Käppler, fut inauguré le 10 juillet 1910. Une fête fut organisée la saison suivante.

Le casino offrait aux pontes (les joueurs) de miser à une table de baccara.

Oscar Dufrenne, qui pose sur cette photo, et monsieur Grandjean étaient les directeurs du casino municipal de Cayeux. Ils dirigeaient également le théâtre du Château-d'Eau (théâtre d'opérette, 61, rue du Château-d'Eau, à Paris) et possédaient le Kursaal de Cayeux. Tous deux organisaient des tournées théâtrales dans l'hexagone et à l'étranger avec des artistes parisiens de l'époque (Marguerite Nys, du Palais-Royal, Lucy Darmont, Bureau Lindet...) qui interprétaient des pièces de Courteline, Alphonse Daudet...

Une publicité du Kursaal.

Au début du siècle, trois bals divertissaient les Caouais : le bal de Cayeux-Cormont et celui de Herbet, avenue de la Gare, le bal de Laricot, place de la République. Les danseurs venaient tous les dimanches, les jours de fête et trois jours durant à la Saint-Blaise, patron de Cayeux.

Elise Doublet (en costume de fête), née le 15 décembre 1890 au Hourdel, fut prise en photo le 11 décembre 1911, lendemain de son mariage. Le cliché fut réutilisé par la suite pour illustrer une carte postale.

Durant l'entre-deux guerres, la ville de Cayeux possédait trois fanfares : la Lyre cayolaise, dirigée par Courquin, la Fanfare municipale, dirigée par Bocquet et Les Amis de la musique, dirigée par Herbet fils.

On organisait également des concerts en plein air dans le bois de pins de Brighton.

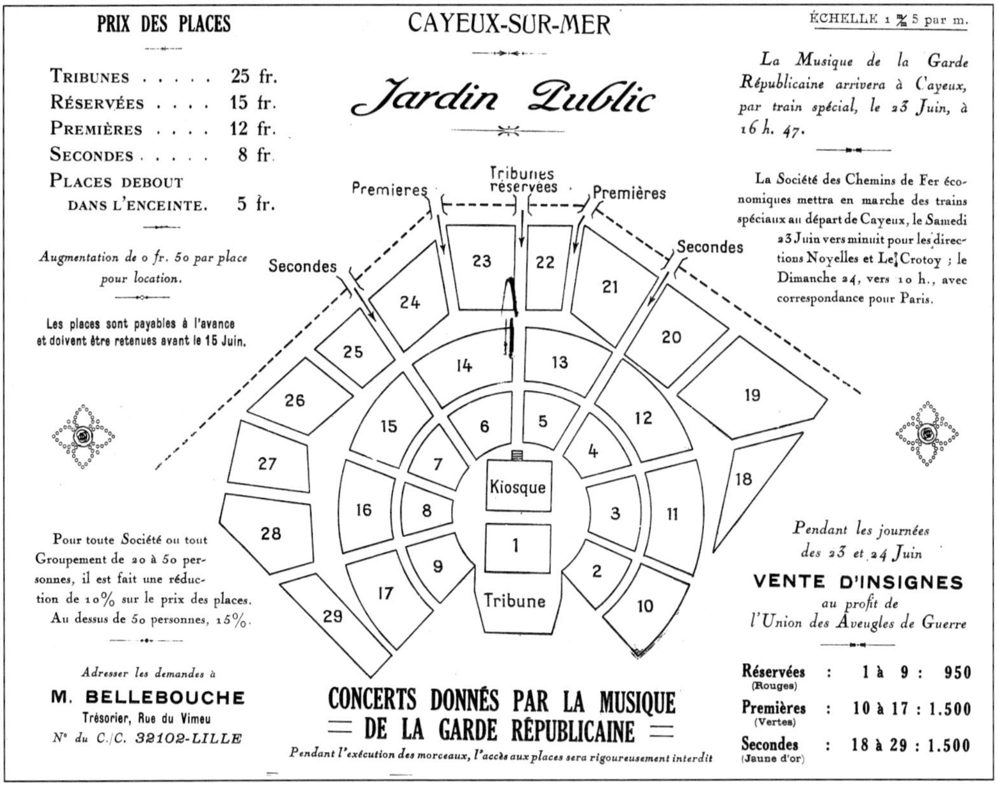

En juin 1928, deux concerts au profit de l'Union des aveugles de guerre furent donnés par la musique de la Garde républicaine dans le jardin public. La manifestation, sous les auspices de la Lyre cayolaise et du Syndicat d'initiative, fut dirigée par Pierre Dupont. Le programme officiel rappelait que le chef d'orchestre avait obtenu, avec la musique du 170ème régiment d'infanterie, la plus haute récompense au grand tournoi de musique militaire du Havre... un gage de qualité!

Le jardin public n'est autre que le square Jean Ouin où furent organisés les concerts des 23 et 24 juin 1928.

La ville de Cayeux reçoit de temps en temps la visite d'un cirque. Au début du siècle, il s'installait soit dans le champ de Ménard Tabary, en face de l'église, soit sur la place de la République. Quand le nouvel emplacement du marché fut créé, avenue Paul Doumer, l'esplanade servit à accueillir les chapiteaux.

Un spectacle en grande vogue au cirque, consistant à simuler une course cycliste avec 4 vélos disposés de front et placés sur des cylindres métalliques. Le gagnant était celui qui pédalait le plus vite, dans un laps de temps fixé par l'organisateur.

La bicyclette était très populaire au début du siècle. En 1900, plus de neuf cent mille personnes acquittaient une taxe de 10 francs et portaient, au niveau de leur guidon, une plaque fiscale nominative du ministère des finances. Les courses de vélos, très suivies, donnaient l'occasion de publier des cartes souvenirs comme celle-ci, prise dans la rue du Général Leclerc (anciennement rue du Phare) et éditée en 1902.

«Paris-Bordeaux-Paris», «Paris-Brest et retour»... trouvaient énormément d'écho. La municipalité de Cayeux n'était pas en reste puisque, déjà en août 1894, elle avait proposé d'organiser une course de bicyclettes. L'idée fit son chemin, comme en témoignent ces deux documents. L'année 1903 fut marquée par la naissance du tour de France.

Ces aéroplages, ancêtres du char à voile, étaient utilisés sur la plage.

Les enfants imitaient les grands avec des maquettes de bateaux montées sur des roues. Ils avaient certainement autant de plaisir que les adultes à organiser des courses.

Deux Cayolais du début du siècle méritent encore notre attention : François Taquet et Tambour qui, s'accompagnant de leur sonnette, lisaient les annonces dans les rues, en ayant toujours soin d'y joindre des commentaires amusants. Ils annonçaient les festivités de la belle saison.

Chaque 13 juillet, la municipalité organise une retraite aux flambeaux qui précède le feu d'artifice du lendemain. En 1977, le groupe de voile du CLJY organise une course dans la rue du Maréchal Foch.

La fête des fleurs a généralement lieu en août.

Cette voiture fleurie participait à la fête des fleurs du 13 août 1922.

Ce marchand s'est placé devant le Petit café pour proposer sa marchandise, lors de la fête des fleurs du 15 août 1948.

Des spectacles en plein air étaient organisés au kiosque, place Courbet.

Les frères Caudron étaient des passionnés de constructions aéronautiques. En 1910, n'ayant pas assez de place dans leur ferme, ils décidèrent d'édifier un hangar près de la plage du Crotoy. Un an après, le 6 août 1911, l'aviateur Caudron participa à la fête de l'aviation qui se tint sur la plage de Cayeux.

Au cours de cette fête, l'atterrissage de Caudron, prévu à 2 h 00 précises, fut suivi, une demi-heure plus tard, d'une réception à l'hôtel de ville. Ce prestigieux aviateur fit également des évolutions au-dessus de la plage.

Caudron ne fut pas le seul à se poser sur la plage de Cayeux. Allard, sur un biplan Caudron, en fit de même.

En juin de l'année suivante, le sénateur Maquennehen, au cours d'un voyage officiel, participa à un vol aller-retour entre Le Crotoy et Cayeux. Les deux plages offrent une grande étendue sableuse, excellent terrain d'aviation naturel.

Au début du siècle, les terrains de tennis privés se trouvaient à l'emplacement du square Jean Ouin.

Le Tennis club cayolais possède des courts bien abrités. Pendant la saison, il organise un championnat auquel des joueurs classés viennent participer.

L'étendue sableuse est propice à la chasse. Ce chasseur, caché derrière la voile, attend peut-être le gibier migrateur ou tout simplement les oiseaux du littoral. La mouette, le goéland et le chevalier étaient chassés sans permis au début du siècle.

La maison Lecat, place Aristide Briand, louait des voitures et organisait des excursions. Ce car transporte des vacanciers pour une visite du Tréport. On distingue, à arrière-plan, la graineterie de Duquesnay.

Remerciements

L'auteur remercie toutes les personnes qui ont apporté leur concours à la réalisation de cet ouvrage en lui donnant de précieux renseignements.

Remerciements tout particuliers à : la famille Herbet, Henri Heinemann, Marc Gosse, monsieur et madame Clerc, madame Fanelli, Gérard Houbé, Brigitte Orts, le bureau de l'association "Les amis de Cayeux" et la municipalité de Cayeux.

Dans la même collection

Centre et Ile de France
Colombes
Coulommiers
Magny-en-Vexin
Neuilly-sur-Seine
Orléans
Puteaux
Sceaux
Suresnes (tomes I et II)
Grand Ouest
Alençon
Ancenis et son canton
Angers
Avranches
Belle-Ile
Bernay
Bords de la Rance Maritime
Brest
Bretagne de Mer et de Terre
Caen
Canton de Monfort
Canton de Pontorson
Carantec
Châteaubriant
Château-Gontier
Concarneau
Coutances
Dinan
Dinard (tomes I et II)
Dol-de-Bretagne
Fougères (tomes I et II)
Granville
La Baule
La Côte de Granit Rose (tomes I et II)
La Guerche-de-Bretagne
Landerneau
Lannion
Le Havre
Le Porhoët
Les Sables-d'Olonne
Pays d'Auray
Pays de Brocéliande
Pays de Landivisiau
Pays de Malestroit
Pays de Moncontour
Pays de Séné
Pays Pagan
Ploërmel
Plougastel
Pont-Aven
Pornichet
Presqu'île de Crozon
Redon
Région de Saint-Brieuc
Saint-Brieuc
Saint-Lô
Saint-Malo et le Clos Poulet
Saint-Nazaire (tomes I et II)
Saint-Pol-de-Léon
Vannes
Verneuil et son canton
Villedieu-les-Poêles et son canton
Vitré
Poitou-Charentes
Ile de Ré
Bourgogne
La Nièvre